글쓴이 **김정윤**

영문학을 전공하고 대학에서 학생들을 가르치다가, 책이 좋아 책쟁이가 되어 책을 만들고 있어요.

그린이 **김성영**

어린 시절 토성은 어떤 곳일까 상상하며 마음껏 그렸습니다. 어른이 된 지금 그림을 그리고 있으면 어렸을 때 꿈꾸던 토성에 와 있는 것 같은 기분이 듭니다. 여기 토성에서 보낸 그림이 지구에서 미래를 꿈꾸는 여러분에게 즐거움과 희망이 되었으면 합니다. 그린 책으로는 〈디지털이 종이를 삼키면 지구 온도는 내려갈까?〉, 〈유튜버 봄이〉, 전자책 〈예수님과 세례요한〉 등이 있습니다.

우리 모두 함께 좋은 습관 1

초판 1쇄 발행 2020년 5월 14일 | 초판 5쇄 발행 2022년 7월 5일

글쓴이 김정윤 | **그린이** 김성영 | **펴낸이** 김옥희 | **편집** 이지수 | **펴낸곳** 아주좋은날 | **출판등록** 제16-3393호
주소 서울시 강남구 테헤란로 201, 501호 | **전화** 02-557-2031 | **팩스** 02-557-2032
홈페이지 www.appletreetales.com | **블로그** http://blog.naver.com/appletales
페이스북 https://www.facebook.com/appletales | **트위터** https://twitter.com/appletales1
인스타그램 @appletreetales, @애플트리태일즈

ISBN 979-11-87743-82-8 (74370) ISBN 979-11-87743-81-1 (세트)

글 ⓒ 김정윤, 2020
그림 ⓒ 김성영, 2020

이 책의 무단전재와 무단복제를 금지하며,
책 내용의 전부 또는 일부를 이용하려면 반드시 아주좋은날(애플트리태일즈)의 동의를 받아야 합니다.

잘못 만들어진 책은 구입한 곳에서 바꿔드립니다.
값은 뒤표지에 표시되어 있습니다.

이 도서의 국립중앙도서관 출판예정도서목록(CIP)은
서지정보유통지원시스템 홈페이지(http://seoji.nl.go.kr)와
국가자료공동목록시스템(http://www.nl.go.kr/kolisnet)에서 이용하실 수 있습니다.
(CIP제어번호 : CIP2020014517)

아주좋은날은 애플트리태일즈의 실용··아동 전문 브랜드입니다.

┌─ 어린이제품 안전특별법에 의한 기타 표시사항 ─┐
│ **품명** : 도서 | **제조 연월** : 2022년 7월 | **제조자명** : 애플트리태일즈 | **제조국** : 대한민국 | **사용연령** : 7세 이상
│ **주소** : 서울시 강남구 테헤란로 201, 5층(02-557-2031)

손을 왜 씻어야 돼요?

우리 모두 함께
좋은 습관 1

글 김정윤 | 그림 김성영

아주 좋은 날

아침에 일어나면 세수를 하고 손을 씻지?

밖에 나갔다 돌아와도 손을 씻고 말이야.

가끔 귀찮아서 요리조리 피해 다니면

엄마가 억지로라도 씻겨 주시지.

민종이도 오늘은 손을 씻기가 싫은가 봐!

손을 씻지 않으면 나쁜 균들이 폐로 들어갈 수 있어.

여러 사람이 만진 난간이나 손잡이에도

눈에 보이지 않는 균들이 붙어 있거든.

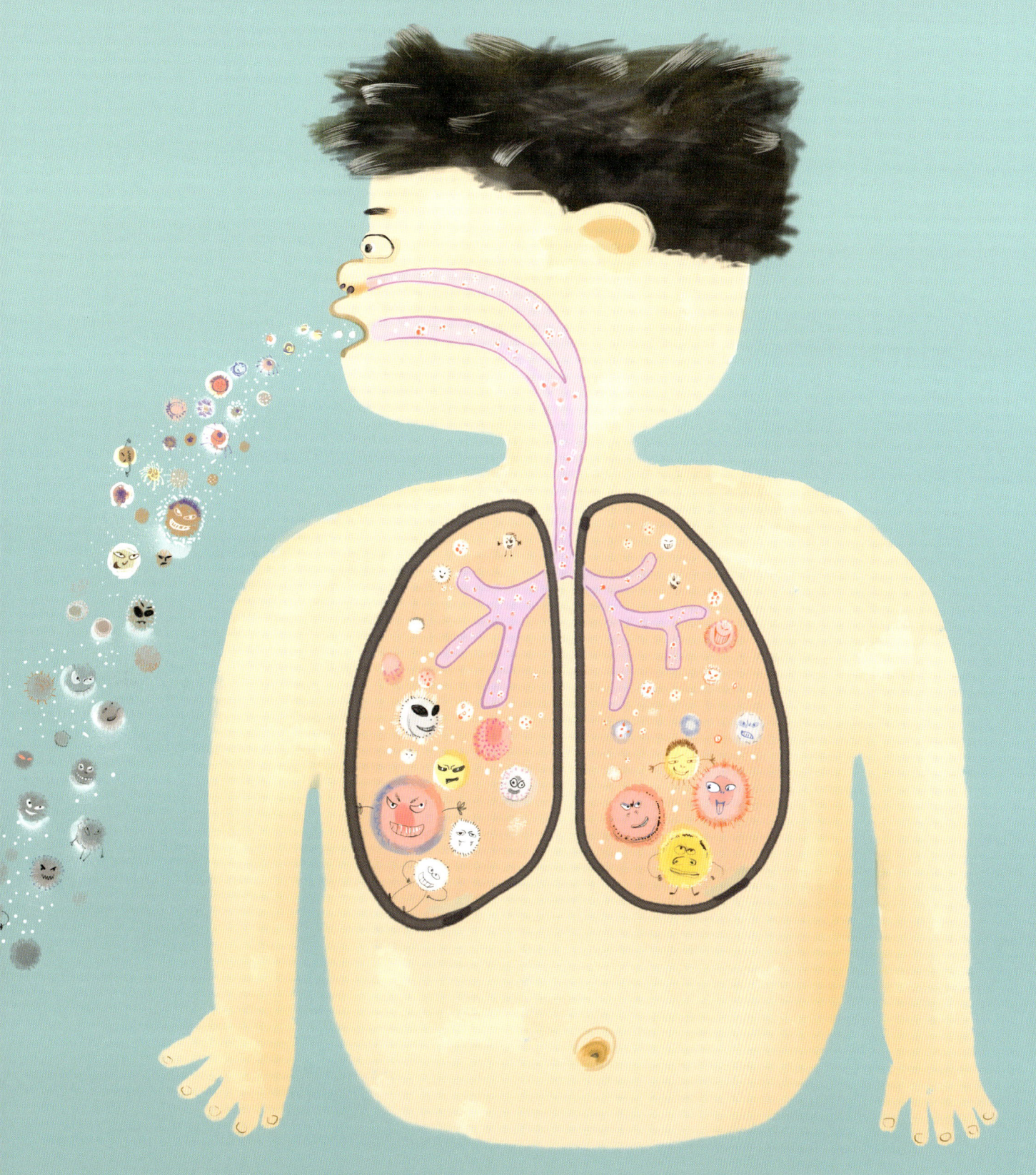

"나쁜 균은 어떻게 생겼어요? 벌레처럼 생겼어요?"
나쁜 균은 아주 작아서 보이지 않지만, 우리 몸이 약해졌을 때 몸속으로 파고든단다. 또, 바이러스라는 녀석도 있어.
바이러스를 이겨 내려면 우리 몸에 싸울 힘이 있어야 하는데
그 힘을 면역력이라고 해.

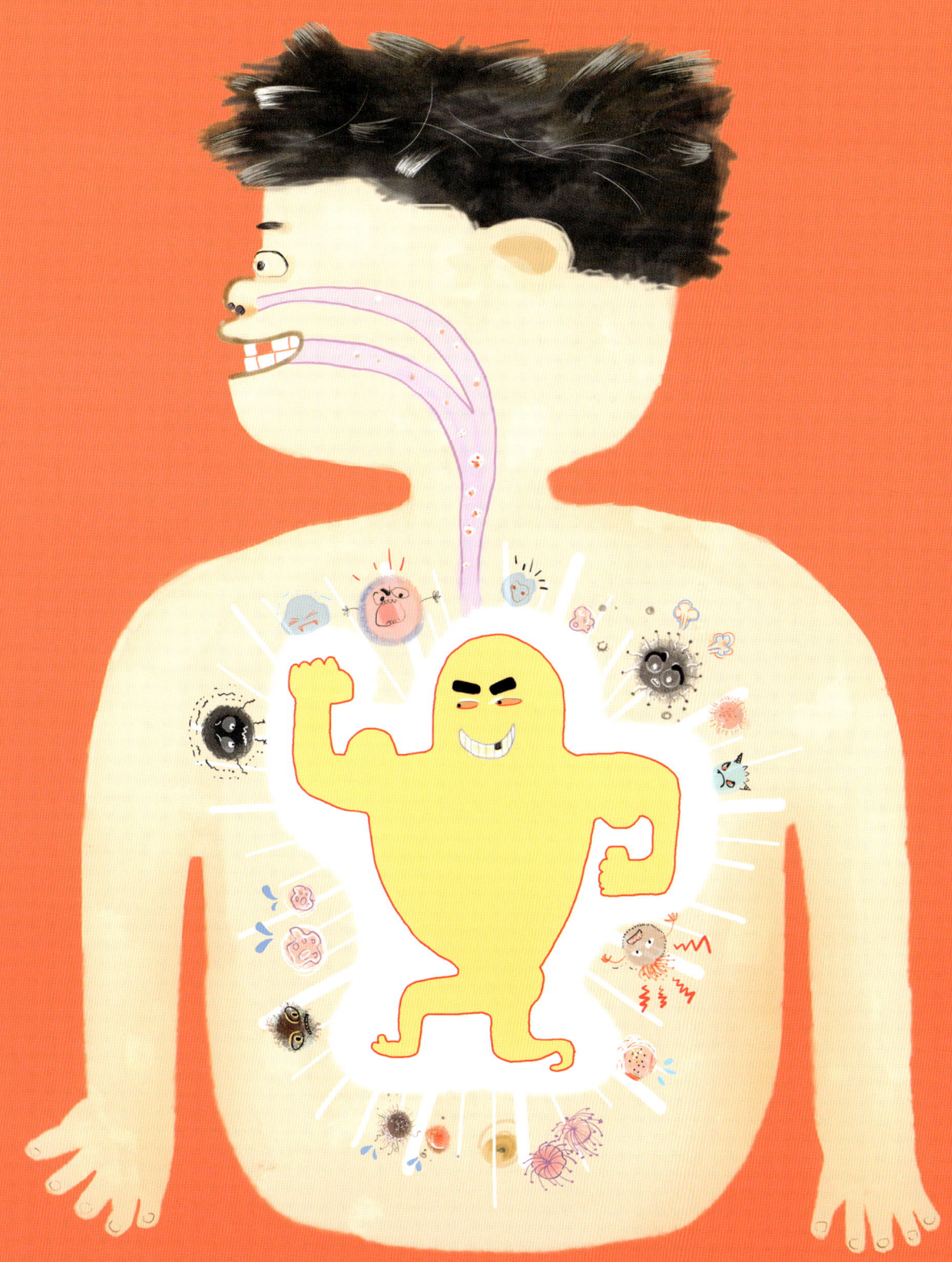

숨을 크게 들이마시면 공기가 가슴에 가득 차는 게 느껴지지?
공기가 우리의 폐 속으로 들어가기 때문이야.

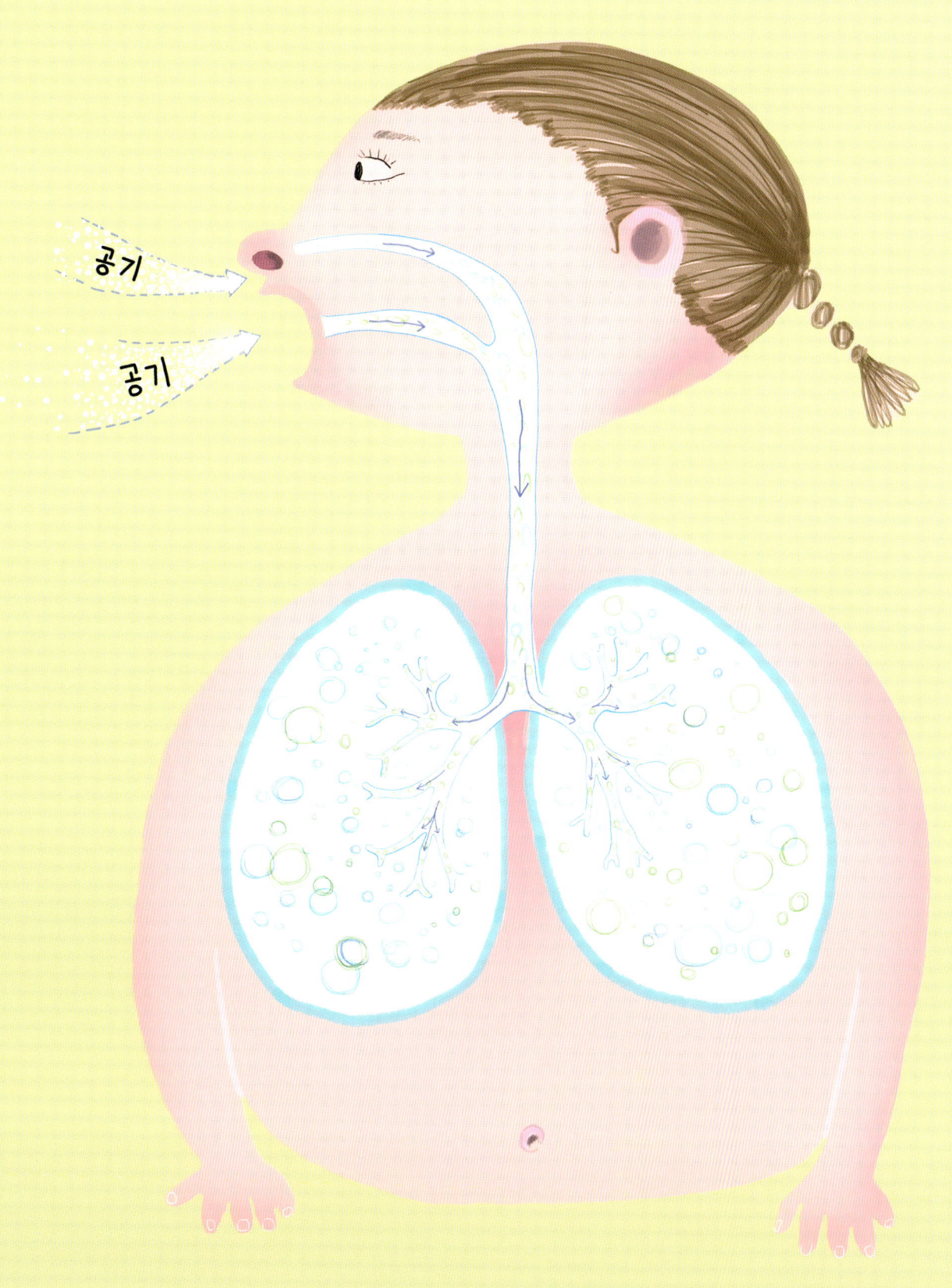

폐는 분홍색 풍선처럼 생겼어.

오른쪽과 왼쪽 가슴에 하나씩, 모두 두 개인데

숨을 들이쉬면 폐가 공기로 가득 차.

숨을 내쉬면 공기가 폐 밖으로 나가지.

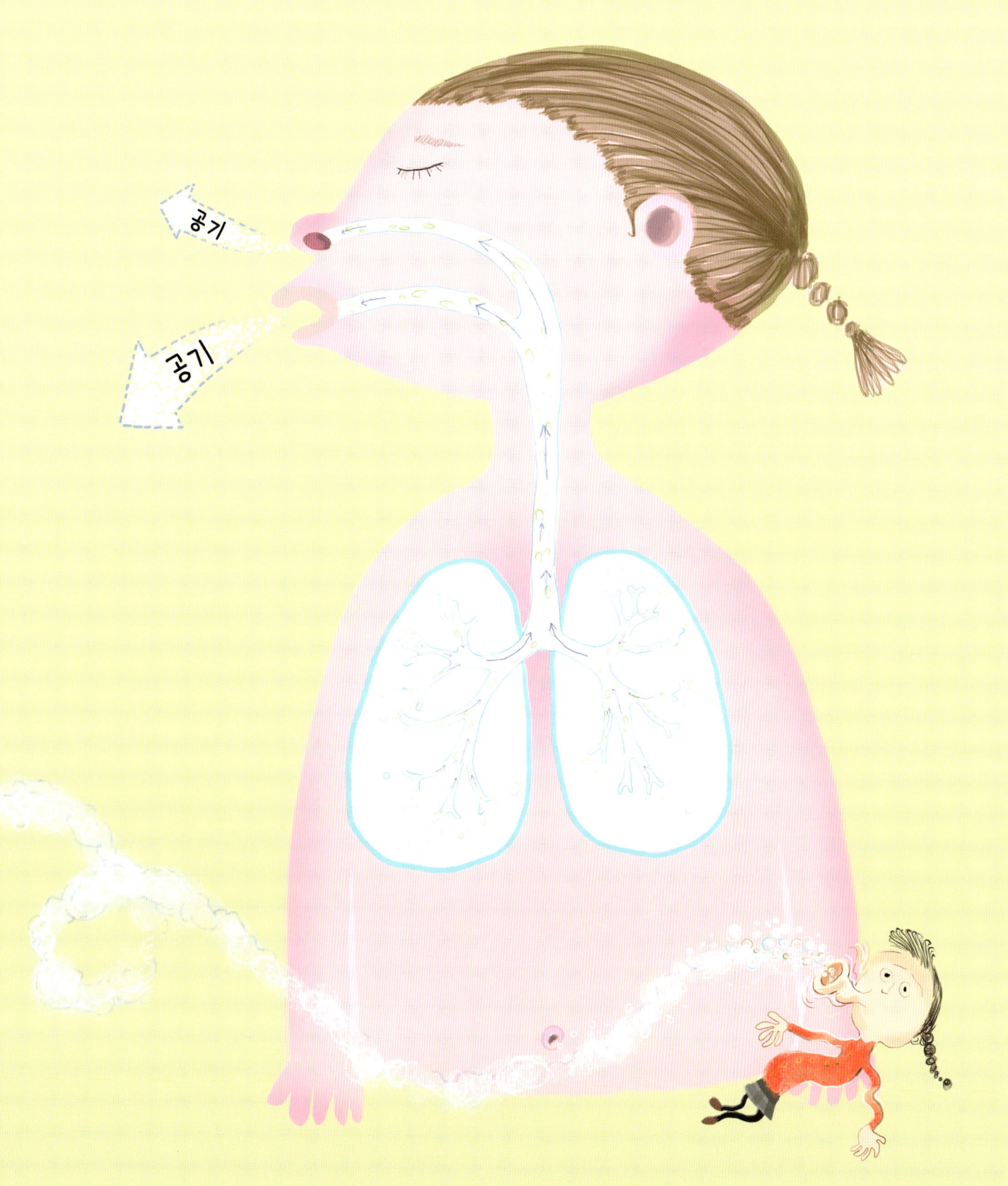

폐는 정말 중요한 곳이라서

새장처럼 생긴 단단한 갈비뼈가 폐를 보호한단다.

폐를 통해 산소라는 기체가 우리 몸속에 들어오거든.

우리 몸이 움직이려면 산소가 반드시 필요하지.

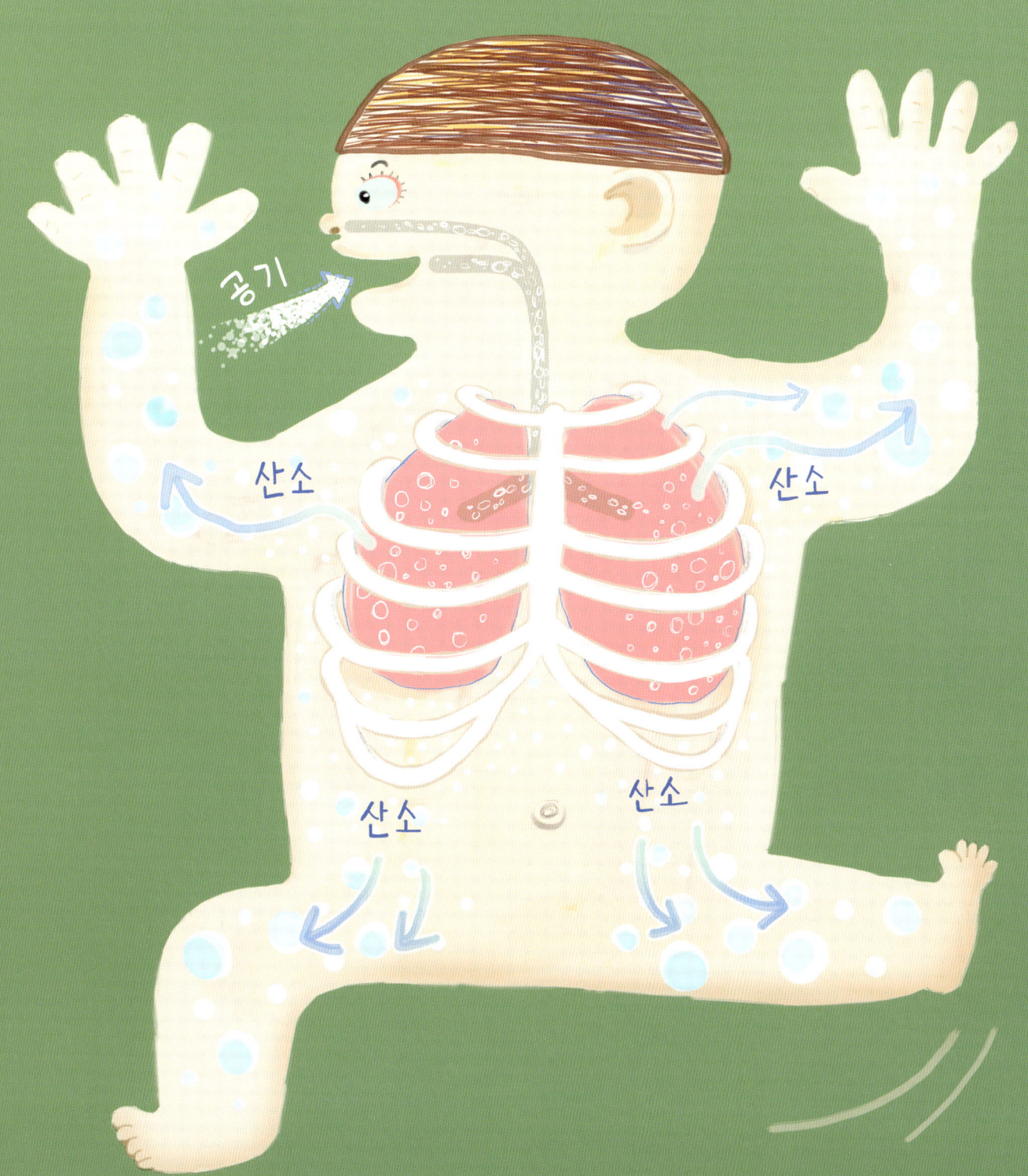

훅!

코와 입을 통해 공기가 들어오면,

공기는 기관이라는 굵은 관으로 내려가게 되지.

이때 손이 깨끗하지 않으면, 더러운 균이 손에 묻어 있다가

코나 입을 만질 때 우리 폐로 들어갈 수 있어.

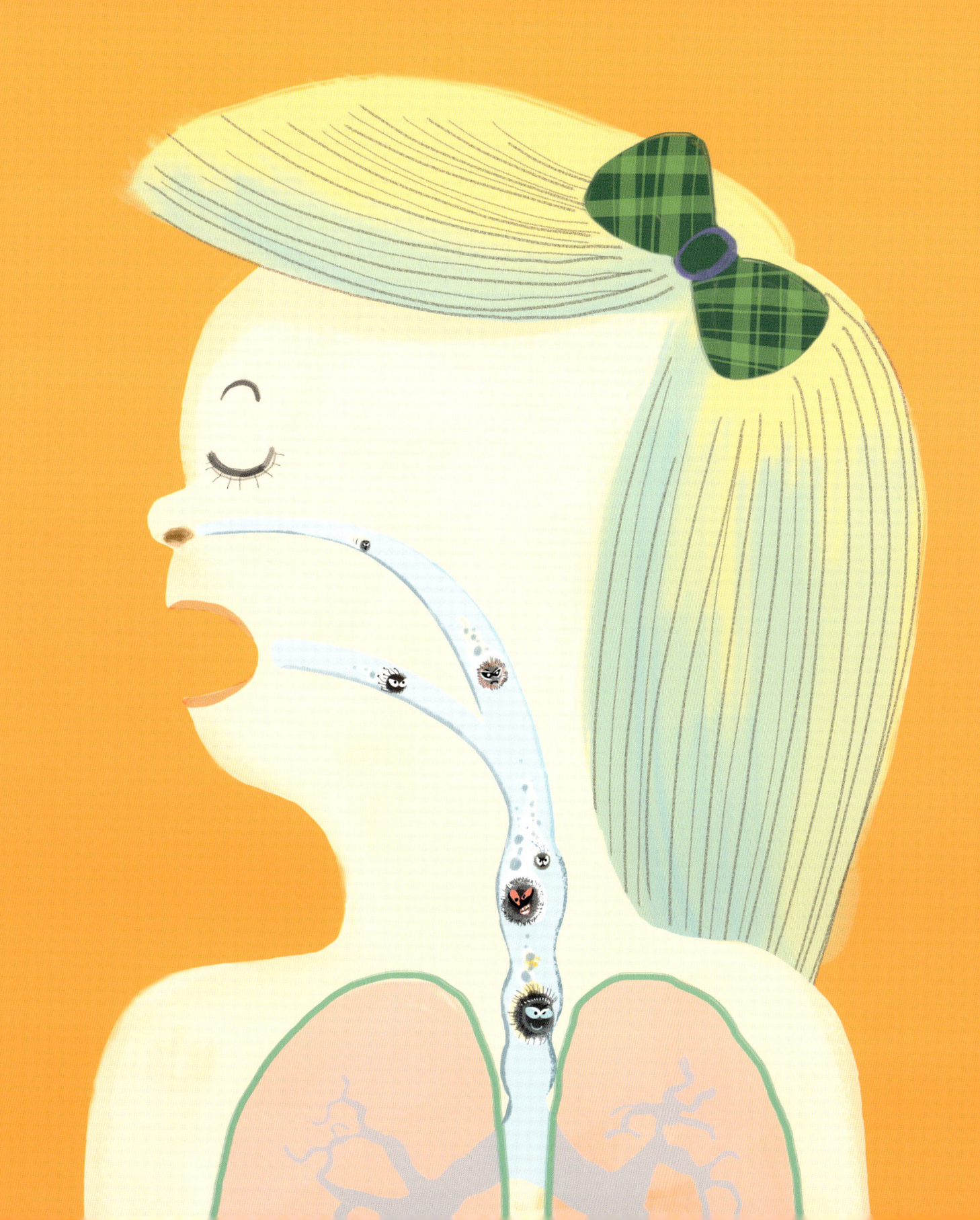

기관은 두 개의 관으로 갈라져서

왼쪽 폐와 오른쪽 폐로 연결돼.

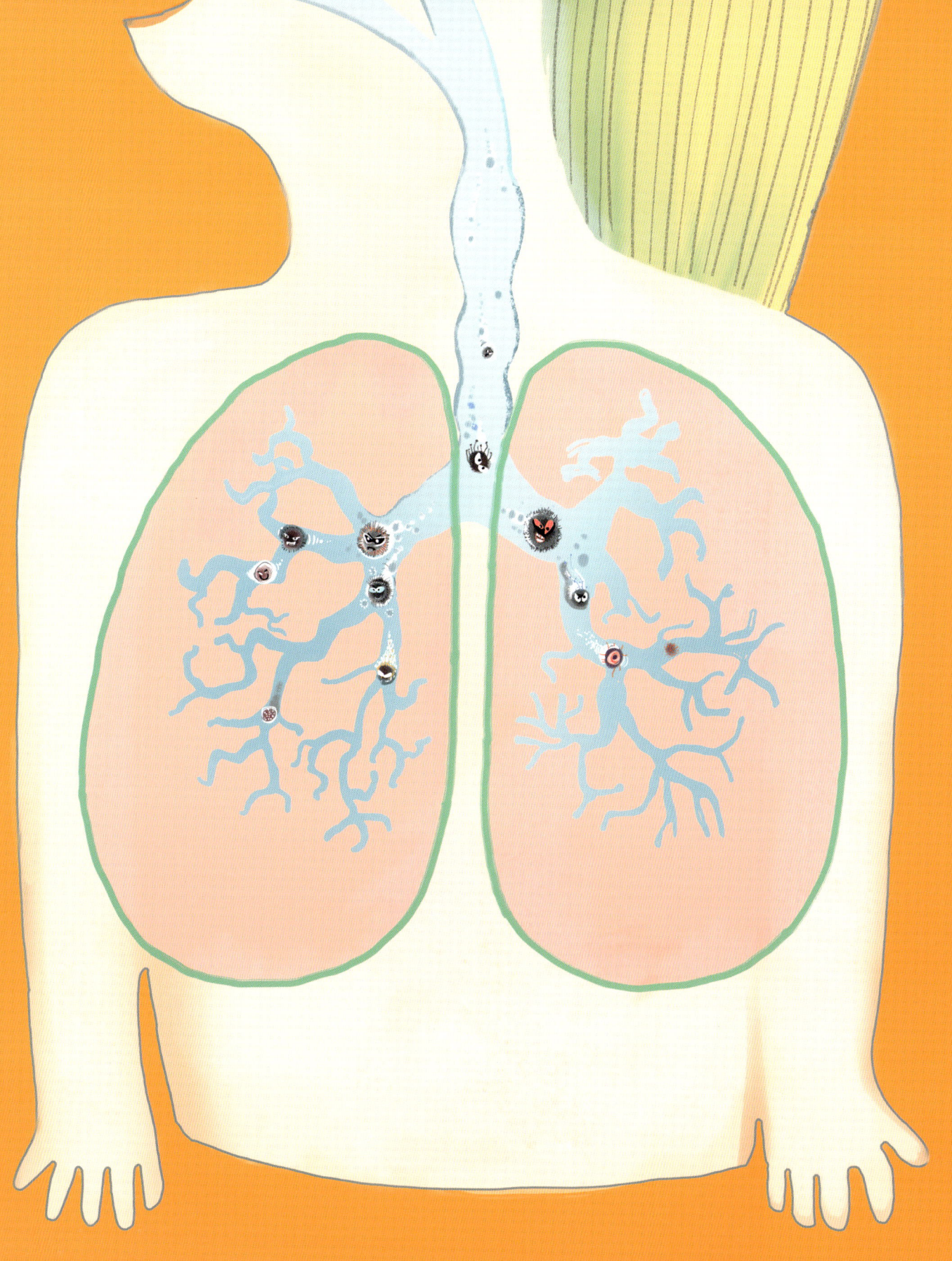

폐에는 기관지라고 하는 부드럽고 가는 관이 있어.

공기는 이 관을 통해 더 깊이 들어가지.

기관지 안에는 끈적끈적한 액체가 있어서

먼지나 세균같이 더러운 것들을 걸러 내.

그리고 우리가 기침을 하거나, 코를 풀거나, 재채기를 할 때

그런 이물질을 몸 밖으로 내보낸단다.

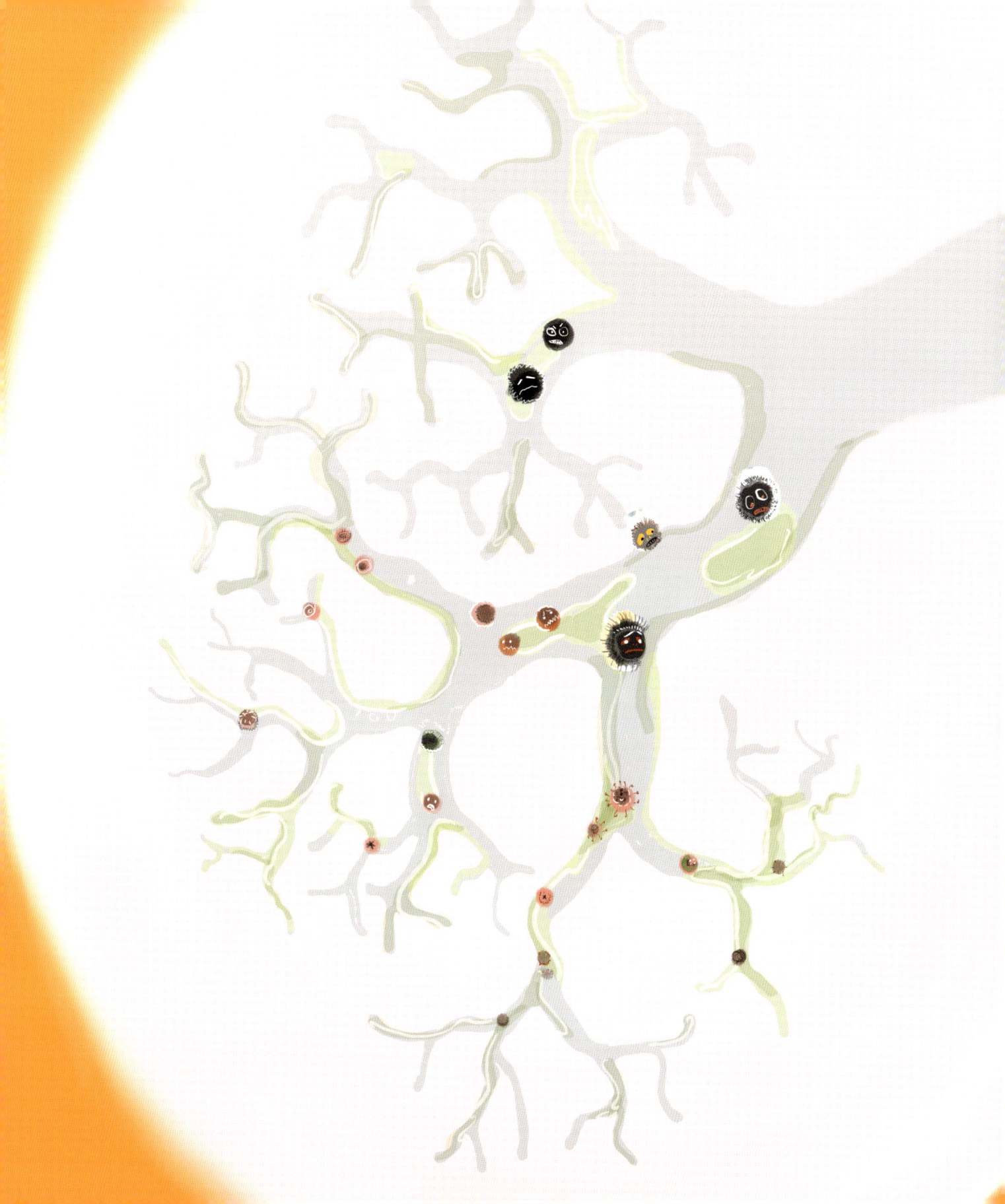

그래서 기침이나 재채기가 나올 때는
팔꿈치로 입을 가리는 게 좋아.
다른 친구들에게 침이나 콧물이 튀지 않도록 말이야.

미세 먼지가 자욱한 날엔 밖에 나가지 않는 게 좋아.

작은 먼지들이 폐에 들어와 폐를 아프게 하거든.

폐가 아프면 숨쉬기도 힘들어져.

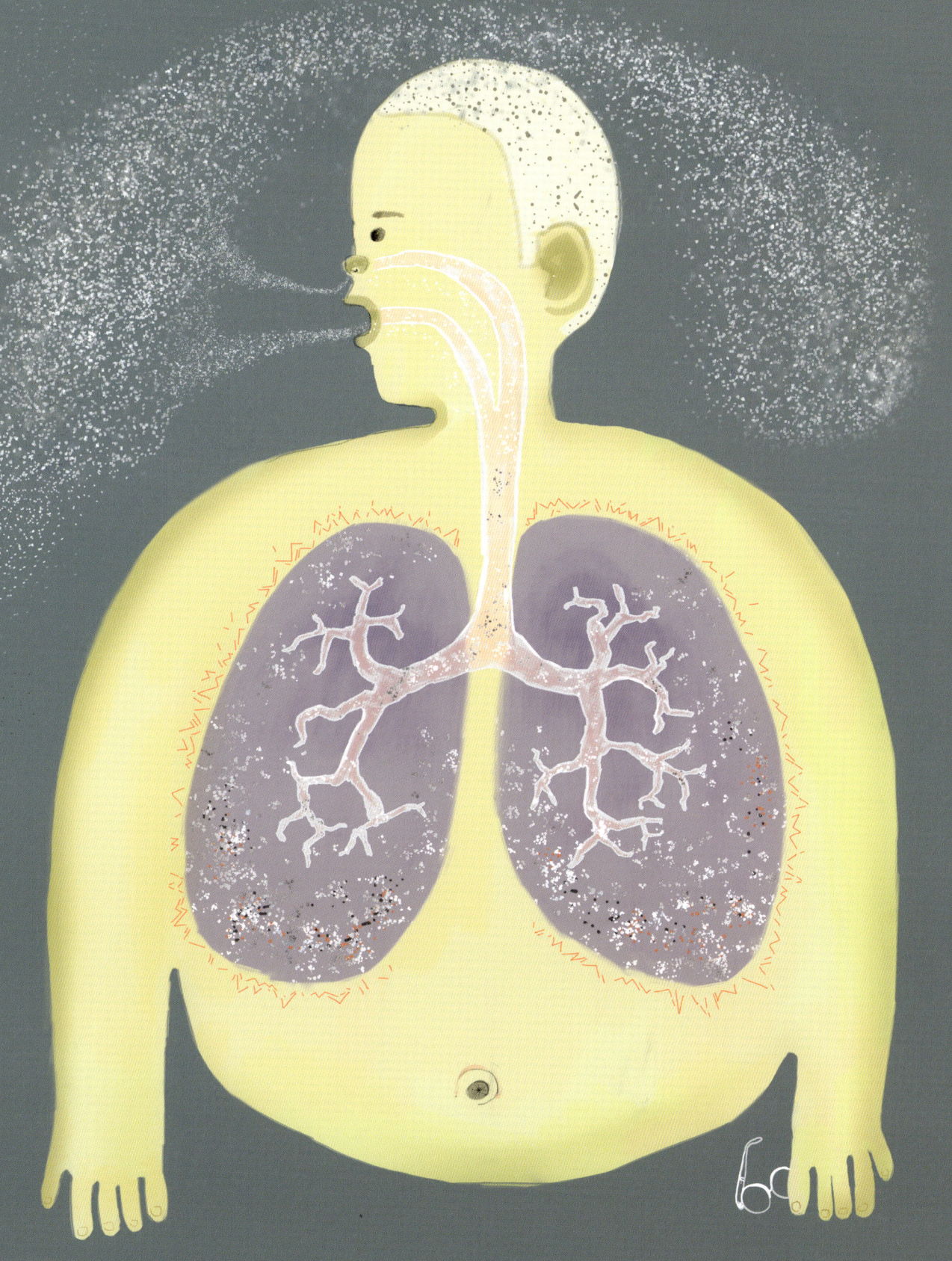

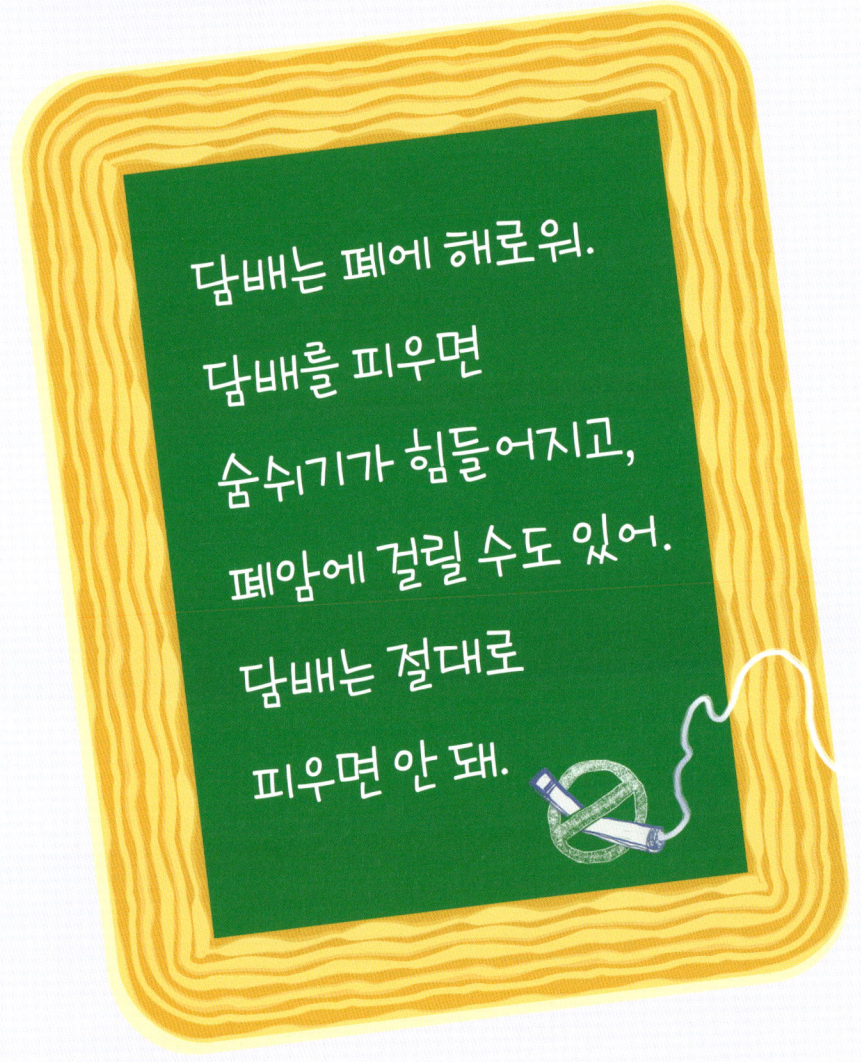

담배는 폐에 해로워.
담배를 피우면
숨쉬기가 힘들어지고,
폐암에 걸릴 수도 있어.
담배는 절대로
피우면 안 돼.

혹시 천식을 앓는 친구 있니?

천식에 걸리면 숨쉬기가 힘들기 때문에

운동을 너무 많이 하면 증상이 더욱더 심해지곤 하지.

또, 날씨가 추워져 공기가 차가워져도 천식이 심해지곤 하지.

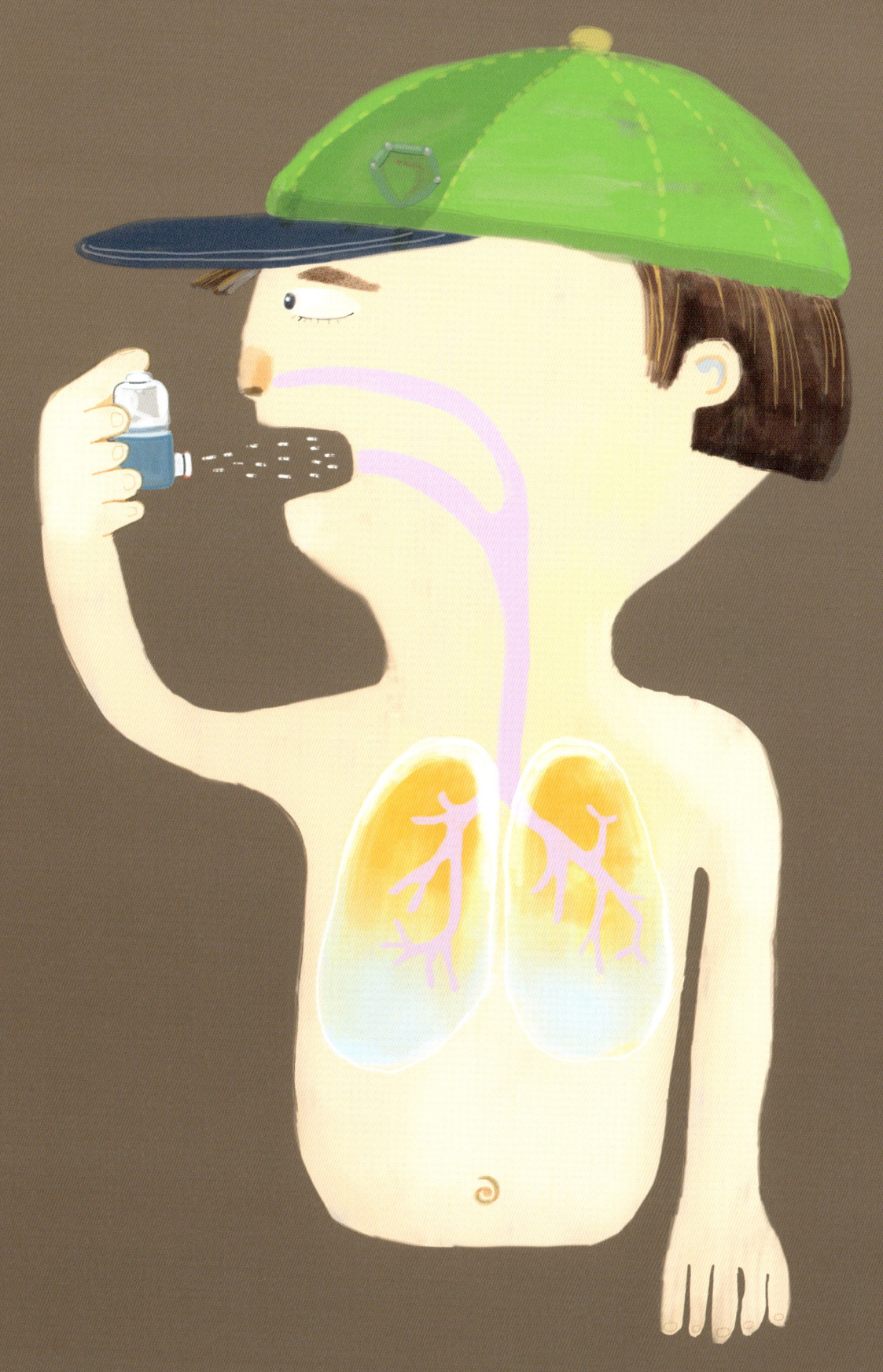

운동한 다음 숨이 차면 숨을 깊이 쉬어 보렴.

그러면 몸 상태가 원래대로 돌아오는 게 느껴질 거야.

숨을 깊이 들이마시면

우리 몸이 필요로 하는 신선한 산소를 많이 얻을 수 있거든.

민종이는 천천히 달리기를 좋아해.

특히 친구 필립이와 달리는 것을 좋아하지.

필립이는 덧셈과 뺄셈은 아주 잘하지만

왠지 달리기는 잘 못하는 것 같았지?

필립이가 천식이 있거든.

점심시간의 급식실은 시끌벅적하지.

가끔 친구의 밥이나 반찬을 빼앗아 먹는 친구도 있지?

하지만 자신의 젓가락으로

친구의 음식을 먹는것은 좋지 않아.

바이러스 균을 옮길 수도 있거든.

그러니 자기 몫만 덜어 먹는 게 좋아.

민종이가 오랜만에 학교에 갔다 왔어.

긴 겨울 방학이 끝나고 개학을 했거든.

그런데 오늘은 집에 오자마자 목욕탕으로 들어가 손부터 씻네.

바이러스가 민종이 몸에 들어올 수 없게 말이야!

요사이 호흡기 질환 '코로나 19' 때문에
우리의 일상생활이 많이 달라졌어요.
다른 때와 달리 밖에 외출하기도 힘들고
밖에 나갔다 들어오면 곧바로 비누로 손을 씻어야
우리 몸을 잘 지킬 수 있게 되었어요.
귀찮지만 그렇게 해야 우리 몸을 튼튼하게 지킬 수 있고
다른 사람에게도 피해를 주지 않게 된답니다.

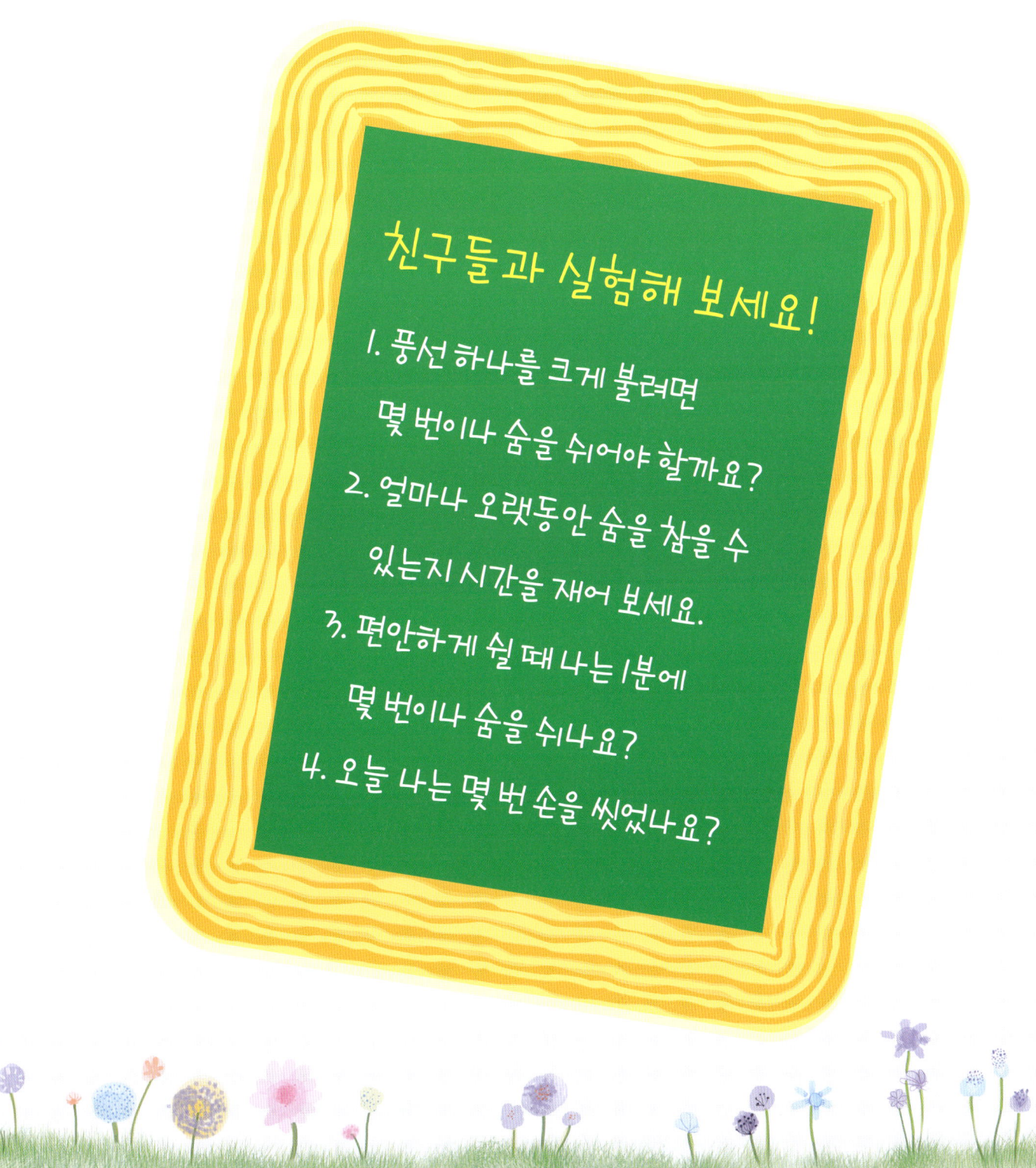

친구들과 실험해 보세요!

1. 풍선 하나를 크게 불려면 몇 번이나 숨을 쉬어야 할까요?
2. 얼마나 오랫동안 숨을 참을 수 있는지 시간을 재어 보세요.
3. 편안하게 쉴 때 나는 1분에 몇 번이나 숨을 쉬나요?
4. 오늘 나는 몇 번 손을 씻었나요?